당신은
사도의 계승자이다

대각성전도집회 다락방 시리즈

4

옥한흠

국제제자훈련원

옥한흠 대각성전도집회 다락방 시리즈 4

당신은 사도의 계승자이다

초판 1쇄 발행 1999년 10월 16일
초판 16쇄 발행 2023년 7월 27일

지은이 옥한흠

펴낸이 오정현
펴낸곳 국제제자훈련원
등록번호 제2013-000170호 (2013년 9월 25일)
주소 서울시 서초구 효령로68길 98 (서초동)
전화 02) 3489-4300　　**팩스** 02) 3489-4329
이메일 dmipress@sarang.org

저작권자 (C) 옥한흠. 1999, *Printed in Korea*
이 책은 저작권법에 의해 보호를 받는 저작물이므로 저자와 출판사의 허락 없이
내용의 일부를 인용하거나 발췌하는 것을 금합니다.

ISBN 978-89-88850-11-4 03230

*책값은 뒤표지에 있습니다. 잘못된 책은 구입하신 곳에서 교환해드립니다.

국제제자훈련원은 건강한 교회를 꿈꾸는 목회의 동반자로서 제자 삼는 사역을 중심으로
성경적 목회 모델을 제시함으로 세계 교회를 섬기는 전문 사역 기관입니다.

교재 사용에 대하여

제자훈련을 하고 있는 교회라면 대각성전도집회를 1년에 한 번씩 갖는 것이 좋다. 제자훈련을 통해 축적된 영적인 힘을 발휘할 수 있는 기회를 만들어주기 때문이다. 또한 교회가 영적으로 수혈을 받고 새롭게 일어나는 계기가 된다. 새로운 생명이 태어나는 산실인 대각성전도집회가 시작되면 교회는 영적인 잔치 분위기를 맛보게 될 것이다.

대각성전도집회는 준비 기간을 길게 두고 치밀한 준비를 해야 한다. 우리 마음에 안주하려는 습성을 깨고 새롭게 힘을 모으기 위해서는 적어도 5~6개월 전부터 치밀한 준비가 있어야 한다. 특별히 다락방(구역)을 중심으로 영적으로 무장하며, 합심하여 기도로 준비하는 것은 대단히 중요하다.

이를 위해 지금까지 전도집회를 앞두고 다락방에서 사용해온 교재를 내어놓게 되었다. 다소나마 도움이 되길 바라며, 이 교재를 사용하기 원하면 다음 몇 가지를 참고해 주기 바란다.

1. 이 교재는 소그룹에서 귀납법적인 방법으로 성경을 공부하도록 만들어졌다. 그러므로 지도자는 소그룹 환경에서 귀납법적으로 성경을 공부하는 것이 무엇인지를 반드시 배우지 않으면 안 된다.
2. 이 교재는 교역자가 매주 소그룹 지도자들을 먼저 예습시킨 다음 사용하게 해야 바람직한 효과를 기대할 수 있다. 평신도에게 던져주고 그들 마음대로 사용하게 하는 것은 좋지 않다.
3. 소그룹에 참석하는 자들은 반드시 미리 예습을 하도록 권장해야 한다.
4. 한 과의 내용을 다 공부하려면 두 시간 이상이 필요하다. 그러므로 문제에 따라 답만 찾아보고 넘어가야 할 것과 함께 토의하면서 진지하게 적용해야 할 것을 잘 구별해서 시간 안배를 하는 것이 좋다.

차례

1. 당신은 사도의 계승자이다

세상에 복음을 전하는 일은 사도들이 예수님으로부터 받은 명령이었다. 그러므로 우리가 전도를 한다는 것은 사도의 일을 계승한다는 것을 의미한다.

토의내용

1. 요한복음 20장 21절을 가지고 사도의 파송에 대해서 검트하라.

2. 사도가 받은 파송명령이 우리의 명령이 되는 이유를 말하라. (참고/요한복음 17:20)

3. 마태복음 28장 16절부터 20절을 읽고 대답하라.

① 파송자의 권위/

② 명령의 내용/

③ 신분의 보장/

4. 사도 바울은 예수님의 파송명령을 어떤 자세로 순종하였는가?

• 사도행전 20:24

• 고린도전서 9:16, 17

5. 당신은 사도의 계승자라는 확신이 있는가? 각자가 진지하게 말해보라.

6. 전도가 명령이라면 그것을 등한히 하거나 거부할 때 불순종이 된다. 당신은 불순종의 죄가 없는가?

7. 이번 대각성전도집회를 위해 그동안 어떻게 준비해 왔는지 한 사람씩 말해보라.

8. 이미 확정된 전도 대상자를 각자가 차례대로 소개하고 기도해 주는 시간을 갖자.

2. 하나님이 부르시는 사람들

마태복음 22:1-14

하나님은 지금도 택한 자를 부르고 계신다. 혼인 잔치의 비유는 이 사실을 여러 가지 면에서 교훈하고 있다. 대각성전도집회를 준비하는 우리가 여기에서 배워야 할 진리가 무엇인지 찾아보도록 하자.

토의내용

1. 내용을 쉽게 정리해서 다시 이야기 해 보라.

2. 다음의 사실들은 무엇을 비유하는 것인가?

• **잔치/**

• **임금/**

• **종들/**

3. 임금의 초청을 받은 첫 번째와 두 번째 그룹의 사람들은 어떤 반응을 보였는가? (1-6절)

4. 하나님의 초청을 받은 자들은 일차적으로 유대인들을 가리킨다. 그 이유를 말하라. (참고/ 마태복음 21:31-32, 43, 23:33-34).

5. 7절의 내용은 무엇을 예언하는 것인가?

6. 지금도 우리 주변이나 세계 도처에는 하나님의 초청을 악의로 거부하는 자들이 많다. 그 예를 들어라.

7. 임금이 마지막으로 사람들을 부를 때에는 몇가지 색다른 점들이 있었다. 한가지씩 설명하라.

- **사거리 길에서 만나는 대로(마가복음 16:15)**

- **악한 자나 선한 자나(디모데전서 2:4)**

- **데려오니 (에베소서 1:5, 로마서 8:33)**

8. 위의 사실에서 전도자인 우리가 명심해야 할 진리가 무엇인지 각자 이야기해
   보라.

9. 각자가 전도할 대상자를 다시 한번 내어놓고 그동안 진척된 일들을 보고하라.

10. 전도 대상자와 전도집회를 위해 기도하라.

3. 전도자가 치루는 대가

흔히들 전도를 매우 쉬운 일로 생각하는 버릇이 있다. 다시 말해서 수고나 희생을 하지 않고 몇 마디의 말만 가지고 할 수 있는 일처럼 알고 있다는 말이다. 이것은 정말 큰 오해가 아닐 수 없다.

사도들은 잃은 양들을 구하기 위해 자기 생명을 바쳤다는 사실을 잊지 말아야 한다. 이 시간에는 전도자의 두 가지 대가에 대해 공부하면서 우리의 이기적이고 안일한 태도를 시정해야 하겠다.

토의 내용

1. 요한복음 1장 40-42절을 읽고 내용을 다시 정리하라.

2. 안드레가 자기 형제 베드로를 위해 무엇을 하였는지 세 가지를 찾아보라.

3. 요한복음 1장 43-46절을 읽고 내용을 다시 정리하라.

4. 빌립이 나다나엘을 구원하기 위해 한 일이 무엇인지 세 가지를 말하라.

5. 이상의 두가지 예를 통해 전도자가 한 영혼을 구원하기 위해 치루어야 할 대가를 설명하라.

6. 고린도전서 9장 19-23절을 읽고 그 가운데서 19절, 22절의 내용을 가지고 다음 질문에 대답하라.

① 전도자는 왜 종이 되어야 하는가?

② 어떻게 종이 될 수 있는가?

③ 그 목적은 어디에 있는가?

7. 당신은 안드레와 바울이 보여준 대로 전도자로서 대가를 아낌없이 지불하고 있는가? 각자의 예를 가지고 간증해 보라.

8. 전도 대상자의 이름을 적어 내자. 그리고 그들을 위해 합심 기도하자.

9. 전도집회를 인도할 강사들과 집회 전체를 위해 기도하자.

10. 전도집회 홍보 자료를 어떻게 전해 주어야 할 것인지 계획을 세우고 각자 자기의 몫을 잘 감당하도록 하자.

4. 하나님이 기뻐하시는 제사

전도집회가 한 주간 앞으로 다가왔다. 금주에는 그동안 기도하며 접촉하던 태신자들을 집회시간에 인도할 수 있도록 모든 노력을 기울여야 한다. 이것은 우리가 하나님께 드릴 가장 향기로운 제사라 할 수 있다.

토의내용

1. 하나님의 자녀로 구원받은 우리는 무엇을 할 책임을 지고 있는가?(로마서 12:1)

2. 전도가 제사라고 말할 수 있는 이유는 무엇인가?

 • **고린도후서 5:17-19**

 • **베드로전서 2:9**

3. 로마서 15장 16절의 말씀이 우리에게 가르쳐 주는 것은 무엇인가?

4. 전도의 열매로 하나님께 영광을 돌리는 자의 영광에 대해 말하라. (다니엘 12:3)

5. 위의 말씀을 공부하면서 다음 사실에 대해 다시 한번 대답하라.

① **당신은 제사장의 신분임을 확신하는가?**

② 전도가 하나님께 드릴 제사라는 것을 확신하는가?

③ 제사 한번 드리지 못하는 제사장을 당신은 어떻게 생각하는가?

6. 각자 전도 대상자에 대해 카드를 작성해서 순장에게 제출하라. 그리고 현재
   진척되고 있는 상황을 이야기하라.

7. 대상자와 집회를 위해 기도하는 시간을 갖자.

8. 집회 기간동안 대상자를 데리고 오면 해야 할 절차와 유의사항에 대해 듣자.

5. 교회의 내일

마태복음 13:31-33

요즈음에는 예수 믿는 사람이 많아지고 교회가 비대해지니까 전도를 열심히 하자고 말하면 색안경을 끼고 보는 일이 자주 있다. "이렇게 교회가 큰데 무슨 전도를 또 하자는 것인가?"하고 거부반응을 일으키는 것이다. 이런 현상은 대단히 슬픈 일이 아닐 수 없다. 이 시간에는 교회가 아무리 커져도 전도에서 손을 뗄 수 없는 이유를 공부하려고 한다.

토의내용

1. 예수님이 말씀하신 겨자씨 비유를 쉽게 설명하라. (31-32절)

2. 누룩의 비유를 쉽게 설명하라. (33절)

3. 위의 두가지 비유에서 겨자씨와 누룩은 무엇을 가리키는가? (31, 33절)

4. 겨자씨와 누룩이 어떤 점에서 서로 닮았다고 할 수 있는가? (참고/ 욥기 8:7)

5. 이 성격이 천국과 어떤 관계가 있는가?

6. 교회를 천국이라고 말할 수 있는가?

7. 그렇다면 교회는 앞으로 어떻게 될 것이라고 생각하는가? 다음 성구를 참고
   하면서 생각해보라.

   • 이사야 11:9

   • 마태복음 24:14

   • 누가복음 24:47, 48

8. 약 1세기 전에 볼테르는 앞으로 50년이 못 가 기독교는 지구상에서 그 자취를
   감출 것이라고 예언한 바 있다. 그의 예언이 얼마나 빗나갔는가를 말하라. 그
   리고 왜 그 예언이 거짓말인가?

9. 교회가 크고, 작고를 막론하고 항상 전도에 힘써야 할 중요한 이유가 무엇인
   지 이 시간 배운 것을 근거하여 다시 한번 설명해 보라.

10. 대각성전도집회의 주제를 설명하라.

11. 당신이 전도하려고 기도하고 있는 다섯 명에 대해 이야기하라.

12. 함께 머리를 숙이고 교회의 부흥과 확장을 위해 기도하자. 각자가 전도할 대
    상을 위해 기도하자.